바위나무 4

홍세민 지음
@bawinamu

바위나무 4

초판 1쇄 인쇄 • 2019년 12월 16일
지은이 • 홍세민
펴낸이 • 이승훈
펴낸곳 • 해드림출판사
주 소 • 서울 영등포구 경인로82길 3-4(문래동1가 39)
　　　　센터플러스빌딩 1004호(우편07371)
전 화 • 02-2612-5552
팩 스 • 02-2688-5568
E-mail • jlee5059@hanmail.net

등록번호 • 제2013-000076
등록일자 • 2008년 9월 29일

* 책값은 표지에 있습니다
* 잘못된 책은 바꿔드립니다
ⓒ 바위나무 2019
본 책은 저작자의 지적 재산으로서 무단 전재와 복제를 금합니다.

ISBN 979-11-5634-380-6

바위나무 4

세상을 이루는 철학시 모음집

국세청 공무원 홍세민

해드림출판사

머리말

마음을 풀어놓기에 앞서

 까마득한 우주에서로부터 하나의 빛이 이 지구에 던져졌습니다.
 우주의 별에서 온 우리는 나를 알고 싶고, 내 옆에 있는 이를 알고 싶을 뿐만 아니라 내가 온 고향, 미지의 세계인 우주를 알고 싶습니다.

『바위나무4』의 첫 번째 장인 '우주 안의 나'에는 광활한 우주 안의 아주 작고 미약한 존재로서의 내가 대자연을 보며 느끼는 삶과 죽음에 대한 감정을 노래하였고, 두 번째 장인 '내 안의 우주'는 내 마음속에서 일어나는 감정, 타인과의 관계 속에서 느끼는 감정, 우주같이 모든 것을 품어주는 큰마음으로 지향하고자 하는 의지를 노래하였습니다.

우주 안에서 지구는 아득하고 거기서 살아가고 있는 저는 아주 작은 존재이지만, 내 안의 마음은 별을 품어주는 우주에 한 발 한 발 다가가기를 희망하며 이 시들을 올립니다.

2019년 추운 겨울 어느 날, 따뜻한 봄을 기다리며
홍 세 민

차례

머리말_ 마음을 풀어놓기에 앞서 4

제1장 우주 안의 나 (자연)

1 별에서 와 (존재) ——————— 9
2 별에서 살아 (삶) ——————— 34
3 별로 돌아가 (죽음) —————— 67

제2장 내 안의 우주 (감정)

1 내 안의 나 (고뇌) ——————— 94
2 너 안의 나 (관계) ——————— 136
3 우주로 향하는 나 (연대, 희망) ——— 165

제 1장

우주 안의 나

(자연)

1. 별에서 와 (존재)

존재의 느낌

이름 모를 내 앞의 꽃아
아무 생각 없는 듯
모든 것을 초월한 듯
하늘 아래 있구나
너는 왜 거기에 있니

굳이 너가 거기에 없어도
세상은 돌아가잖아
굳이 말이지

하지만
나는 말이지
너가 있어
내가 여기 있음을 느껴

내 마음에 있는
너를 느끼고
나를 느낀다

같은 하늘 아래
같은 비
너도 맞고
나도 맞으니
우리는 결국 하나구나

다른 듯 같은 세계

나무야
우리는 같은 땅을 밟고 있지만
나와는 다른 세계에 있는 듯하네

너는 하나의 사건으로 내게 던져지지
내 생활 속으로
내 마음속으로
하나의 점으로
내 기나긴 인생의 선상으로

너와 대화할 수 있다면
우리는 같은 세계에 있다고
말할 수 있나

유니크한 세상 그리고 나

세상은 같은 듯 다르다
나무는 같은 듯 다르다
나 또한 같은 듯 다르다
같은 듯 유니크한 세상 그리고 나

실존은 인정이다

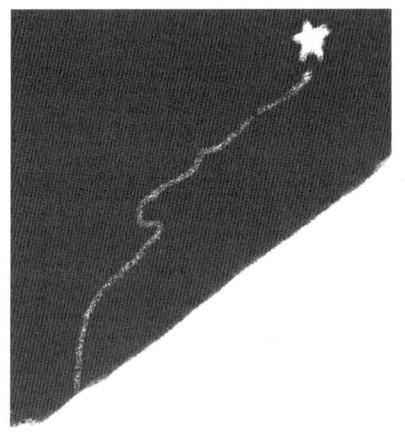

실존이 본질에 앞선다고 한 철학자가 말했던가
너의 있는 그대로의 모습을 사랑한다
내 눈앞에 있는 들꽃아
무엇을 피우려고 애쓰지 마
못 피우면 어떠리
너가 거기에 있는 그 자체가 좋다

기막힌 프로젝트

이 시간 이곳에
나는 있다
그리고 너가 있다

하늘 아래 그렇게 있는데
나를 있게 한
당신을 나는 왜 모르나요
보이지도 않는데
나는 왜 당신을 생각하나요
꼭꼭 숨은 당신 그리고 당신의 의도
저 하늘의 별같이 아득하네요
예견된 끝남을 이 땅에 던지시고
어디로 숨었나요
마지막에는 보이나요
참 기막힌 프로젝트입니다

홀로 핀 장미꽃 한 송이

비 오는 날
홀로 핀 장미꽃 한 송이

왜 그렇게 홀로 피어 있니
홀로 눈길을 받고 싶어
그렇게 서둘러 피웠니

나는
함께
흐드러지게 피다
함께
지는 너가
더 아름답구나

자연의 물음표

내 눈앞에 자연이 있다
나무가 있고 꽃이 있다
내 머리 위에 자연이 있다
하늘이 있고 별이 있다
내 발밑에 자연이 있다
땅이 있고 무심히 지나가는 개미가 있다

한 송이 들꽃은
자연의 섬세한 조화로움으로
한 개 별은
자연의 쓸쓸한 위대함으로
한 마리 개미는
또 다른 나의 모습으로
나에게 다가와
물음표를 던지고 지나간다

나는 어떤 답을 할 것인가

생각과 느낌

개미가
죽도록 일하지 않고
그냥 바위에 걸터앉아
삶을 생각한다면
그 개미의 삶은 어떨까

생각의 한계와 끊김이 있기에
답답해하지 않고
여기에 존재한다

나무가 보는 세상
우주보다
넓을 수도 있다
보는 것이 아니라
느낀다면 말이지

마음으로 느낀다면

저 우주가

내 세상이려나

나의 바람

하늘의 이어짐
바람의 이어짐
바다의 이어짐
처음과 끝이 있던가

어제와 다른 바람이여
오늘과 다를 내일의 바람이여
무한한 시간과 함께 흐르고 있네

나는
그 흐름 속에
수많은 사람 속에
하나의 점으로 여기에 있네

나도 바람과 함께
흐르는 존재이고 싶다
누군가의 마음속에
영원히 기억되는 존재이고 싶다

씨앗의 힘

기나긴 추운 겨울
그 누가
땅속 깊이 씨앗을 던져 놓았나

더딘 시간 시간이 쌓여
이제야 봄이 오니
하늘에서 나를 힘껏 당기나 보우
돌덩이같이 차갑게 굳어진 땅을 비집고
저세상으로 나가려니 힘겨우

지금 나는 비록 연약하지만
하늘이 나를 힘껏 당겨
딱딱한 땅도 뚫을 수 있고
딱딱한 돌도 들 수 있다우

하늘이 나를 당기고
땅이 나를 받치니

저 하늘로

쭉쭉 뻗어 나가

이 세상 이롭게 한다우

하늘을 느끼는 방법

내 앞의 나무야
내 눈으로 너를 보고
내 손으로 너를 만져
너를 느낀다

하늘은 만질 수도 닿을 수도 없으니
너를 통해
하늘을 느낀다

공평

나무야
너는 여전히 거기에 그렇게
말없이 있구나
내가 가질 수 없는 것을
너는 가지고 있구나

나는 말이지
밖으로 향해 있는
너의 마음을
가지고 싶다
저 너머 세계로 향해있는
너만의 마음을
가지고 싶다

안으로만 향한
나의 마음은 버리고
나도 저 세계로 향하고 싶다

같은 세상 속 다른 세상

내가 바라보는 세상
너가 바라보는 세상
이 세상은 먼지만큼 무수히 많네

한 나무에서
이리저리 뻗은 나무뿌리
이리저리 뻗은 나무줄기
이래저래 다른 듯 자라는 잎새 열매들

같은 하늘
같은 세상
서로 다른 존재들이
서로 다른 세상을 만드네

바람의 존재 이유

물은 위에서 아래로 떨어지는데
나무줄기를 타고 물이 올라가네요
어찌 물이 올라갈까요

바람이
나를 흔들면
물은 줄기를 타고
딸각딸각 힘겹게 올라가지요
저 끝에 달린 잎까지

태양의 에너지
물의 에너지는
바람 덕에
그 생성의 힘이 골고루 퍼지네요

영혼의 눈

영혼의 눈으로
당신을 바라봅니다

보이지 않는 힘이
내게로 와
나를 둘러쌉니다

공기처럼
내게 있는 듯 없는 듯
그렇게 당신은 내게
있습니다

나는 개미와 같네

우주는 무한한가 유한한가
나는 모른다

잠은 왜 자는가
나는 모른다

외계인은 있는가 없는가
나는 모른다

영혼의 세계 우주를 알 수 없으니
나는 개미와 같네

낙엽의 존재 이유

땅으로 떨어진다
나무야 춥니
덮어줄 게 조금만 참으렴

땅속으로 들어간다
나무야 배고프니
먹고 힘내렴

땅을 비집고
하늘로 향해
새잎이 난다

추운 날씨
새잎을 위해서
너는 그렇게 떨어졌니

우주 간의 힘겨룸

저 멀리
아주 저 깊이
내 안의 별을 타고 별을 넘어
소리가 들려온다

힘을 내

내 힘겨움은
그냥 지나가는 과정일 뿐

내 안의 힘을 끌어내기 위한
무언가 우주에서 끌어당긴
힘의 작용일 뿐

내 안의 휘이 이기리라
우수의 무언가를

결국 같다

이유를 알고 싶다
삶의 이유
죽음의 이유
우주의 이유

우주의 시간 안에
나는 너무 작고
내 삶은 미약하나
내 안의 우주는
깊고 넓다

길고 짧음은
우주 안에서는
결국 같다

별빛 되어

저 멀리 저 하늘에 떠 있는 별 하나
내 마음 안으로 들어오네

별은 하나지만
별은 이곳저곳 빛을 주네
이 별, 저 별
내 마음 안의 별
너 마음 안의 별

별 하나는
별빛 되어
지상에 내려오니
여럿이 되네

2. 별에서 살아 (삶)

우리네 삶의 모습

옹기종기 모여
왁자지껄 말하고
뭉게뭉게 피어난다

그렇게 나무는
옆에 있는 나무와
함께 자란다

향기만이 바람 타고
저 멀리 갈 뿐

모두 그렇게
살아간다

자연이 말한다

바람이 분다
휘이휘이
낙엽이 움직인다
바스락바스락

귀를 기울여
더 깊이
더 조용히
듣고 싶다

바람이 내는 말
낙엽이 하는 말
말로밖에 말할 수 없어
이내 마음 답답하이

자연이 하는 말
바로 알아채고
한마음에 고이 담아보네
부족하여 미안한 마음과 함께

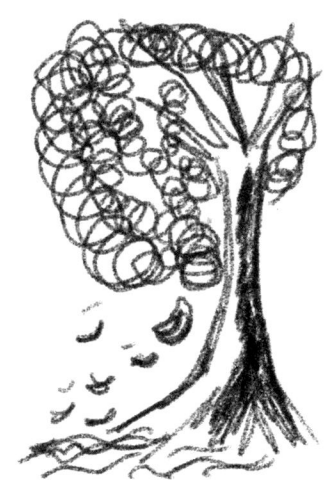

바람이 하는 말

파도여
너 안에 도대체 무엇이 있길래 그리도 일렁이는가

도저히 너를 알 수가 없네
너의 과거를 알 수가 없고 너의 지금 마음도 알 수가 없구나

너의 마음 헤아리고 싶다만
그냥 시간과 함께 너를 보련다

그렇게 함께 일렁이다 보면 잠잠해지고
우리의 갈 길
어딘가 보이지 않는 나만의 길을 또 가겠지

잠시 행복했고
잠시 아팠고
잠시 그렇게 말이지

파도여

안녕

삶과 죽음 사이

저세상은 여기보다 낫다는 자각은
죽음을 부르고
그래도 여기가 낫다는 자각은
이기심을 부르네

여기를 살며
죽음을 생각하니
내 이기심은
바람과도 같구나

한 손은 너의 손길을, 다른 한 손은 바람을 느낀다

내 존재의 이유는 바람 속에
내 존재의 이유는 너의 손길에 있다
바람과 너의 손길을 느끼며
나를 느껴본다
내가 여기 있음을

바람은 자연과 더불어 살라 하고
너는 사람과 더불어 살라 하네

한마음에는 사랑을
한마음에는 희망을
바람은 나에게
너는 나에게
그렇게 속삭이듯
그렇게 말해주네

또 하나의 행복

나, 하늘에 있는 별을 바라보리라
바람이 내 얼굴에 쏟아진다
그 순간
세상 시름이 흩어져
행복이 잠시 나를 스친다
이 청량한 뚫림을 행복이라 부르는가

자연의 흐름

인간사
이 또한 자연의 법칙인가

크게 흐르는 강을 벗어날 수는 없을까
그것은 새 길을 만드는
또 다른 자연의 흐름이던가

악을 낳고
악을 품어주고
세상을 정화시키는
자연의 흐름 속
내 마음에 자리 잡아
꿈틀거리는 본능

움직이는 갈등에 용치솟는
마음의 파도를 가라앉히는
자연의 흐름

나무와 바람 그리고 하늘

드넓은 하늘 아래
바람이 지나간다
잠시 머물다 지나간다

스치듯 지나가는 바람은
나무를 보담듯 따스함을 남기고
나무를 할퀴듯 아픔을 남기고
나무를 흔들듯 한 뼘 자라게 한다

나무는 바람 따라 갈 수 없어
드넓은 하늘 아래
하늘만을 향해 나아간다

상처받은 나무

내 상처
내 아픔이여
어서 내 안에서 잠시 나와
바람을 쐬어

갇혀만 있으면
더 안으로 곪을 뿐이야
바람을 쐬고
햇빛을 맞이하고
비바람에 견뎌야
상처는 더 단단해지고
뿌리는 깊어지며
너에 매달린 잎새들이 푸릇푸릇해져

큰 방향이 있는 표류

지금 나는 표류하고 있다
그저 흘러가는 대로 흘러가게 내버려 둔다

거기에 내가 원하는 것은 없을지라도
가고자 하는 그곳의 지나가야 하는 길이 아니런가

나만의 별을 향해
나의 의지로 내 표류를 내버려 둔다
나의 갈 길은 내가 정하고 내가 알기에

내가 하고 싶고
내가 잘 할 수 있으며
내가 가치가 있다고 생각하는 그 길을 따라
내 삶의 방향키는 내가 잡는다

그 길은 돌아가더라도
그 길은 늦더라도

끝까지 내가 스스로 가보련다

지금은 표류하는 듯하나
정처 없는 표류가 아니라
큰 방향이 있는 표류이다

위로

쏟아낸다
나의 또 다른 세상으로
이곳에서 받은 고통, 아픔
저 밖으로 쏟아낸다
하루하루
고스란히 쏟아낸다
그렇게 곤히 잠이 든다
저세상으로 가기 위해

바라본다
나의 또 다른 세상을
바라본다
내 머리를 감싸듯 펼쳐져 있는
파아란 하늘을
바라보며
내 마음도 맑아지길
바라본다

손으로 대어본다
내 마음을 대어본다
추우나 더우나
묵묵히 서 있는 나무에
내 마음을 기대어본다

밤이 온다
하늘의 별이 일어난다
내 영혼도 따라 일어난다
몸은 움직이지 않고 잔다

아침이 온다
영혼이 잔다
내 영혼도 따라 잔다
몸이 움직인다

나는 자연의 질서 속에
존재한다
나는 자연
나는 나무
나는 바람
그들따라 여기에 있다

다른 세상

하늘, 나무, 해 그리고 별이 주인공인 세상 속에
나는 그곳을 잠시 지나가는 바람과 같네

그곳 세상은
하늘과 나무, 해와 별이 주인공이라네
하늘은 해와 별을 품어주고
나무는 하늘에 세상을 그린다네

그곳 세상은
하늘만을 바라보고
그곳 세상은
하늘 아래만을 내려다본다네

그곳에서 나는 정처 없이 흘러가는 바람이라네

나무가 바람에게 하는 말

바람아
나는 너와 참 많이 다르지
너가 이곳저곳 담은 세상을
내게 던져주듯
나를 흔드는구나

너로 인해
나는 자란다

너는 나를 흔들지만
너로 인해
나 아닌 다른 세상을 알게 되네

너는 그렇게
내게로 왔네

파도와 시간

밖에서 몰려오는 파도여
어서 들어와
내 마음속을
헤집어놓아 버리렴

안에서 일어나는 파도여
내 마음 깊이
어서 파고들어 가 버리렴

어차피 또 올거잖아
어차피 가라앉을 거잖아

너는 그렇게
너 멋대로 시간 따라
내 곁을 맴돌 거잖아

너를 순순히 받아들일 뿐
나는 너를 막지 못하네
시간이 내 편일 뿐

생각을 쏟는다
마음을 비운다

스르르
땀이 식는다

바람이
스르르 다가와
고단한 땀을
나 몰래
가져가네

바람의 겨룸

내게로 바람이 분다
저 멀리서 불어오네
이미 내게로 온 바람이 저 멀리 가네

어느 바람이 센가요
어느 바람이 강한가요

스르륵 스르륵
내 마음 위로
바람이 스쳐 지나가네

바람이 바람에 부니
그 바람이 내게로 오지 않네

사진에 사진을 담는다

노을빛 물들어가는 하늘과 바다를 본다

어스름해지는 하늘은
낮 동안 품었던 빛을
바다 깊이 넘겨주고

바다는 그 빛을 모아모아
하늘 높이 쏘아주네

별빛은 바다를 다시금 비춰주고
바다와 하늘이 하나되는 깊은 밤

사진에 사진을 담는다
눈과 마음 깊이

들꽃과 함께 노래를

노랫소리가 흘러 들어가네
내 귓가로

구슬픈 노래 소리에 맞춰
내 마음속 흩어진 글들은
바람에 실려
저기 피어있는 들꽃에게
다가가네

바람에 맞춰
흥얼흥얼 함께 노래를 부르다
들꽃 머리 위로
내 노랫말들이 다시 모여
퐁퐁 튀어오르네
바람에 맞춰
통통통

나는 너의 타자

들풀에 맺힌 눈물
그렁그렁거리다
또르르 떨어지네

그 누구도 너가 아닌
너의 배경일 뿐
어떤 말도
어떤 위로도
전할 수 없는
그냥 스쳐 지나간 뿐이라네

들풀은 홀로 있다
눈물이 차면 떨어지길
기다릴 뿐이라네

순간의 삶

땅속 깊이서 새싹이 나와
딱딱한 나무가 되기까지
너를 보니
내 삶의 순간을 느낀다

너의 바람결에 흔들거리는 몸짓
그 순간
나는 이 우주의 기운을 느낀다

바람이 가는 길

비었구나
내가 얼른 가서 너의 빈 곳을 채울 게
아프구나
내가 얼른 가서 너의 상처를 어루만질 게
조심해
나는 너의 자라남을 지켜볼게

교신

하늘과 땅 사이
바다가 흐른다
하늘과 땅 사이
바람이 흐른다

흐름 가운데
만남과 헤어짐이 있고
흐름 가운데
변화와 다양성이 만들어진다
흐름 가운데
하늘로 슬금슬금 새싹이 나오고
땅으로 시나브로 낙엽이 빨려 들어간다

밤은
낮 동안 받은
하늘의 에너지
땅의 에너지가 만나
그간 이뤄진 일들을
서로 교신하는 시간이다

하루의 카메라가 켜진다

또 태양이 뜬다
또 하루의 카메라가 켜진다
어제와 비슷한 듯
다른 모습의 내가 찍힌다

시간은 흐름이 아니라
시간은 또 다른 켜짐이다

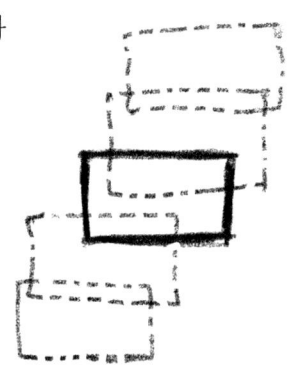

시간은 동시에 일어나고
시간은 동시에 켜진다

어제의 나는 사라지고
내일의 나는 없다
미약한 기억만이
그것을 흐름이라 부를 뿐이다

바람은 노래를 흘리다

바람은
동틀 무렵
어둠을 몰아내고
별빛을 감싸며 곤히 잠자던
풀잎을 깨운다

한줄 한줄 별빛은
바람 따라
풀잎과 함께
노래를 부르나
바람 따라
사라지네

잠

나 별에 잠시 다녀올 게
나 별에 뭐를 두고 왔나 봐
마음이 허전하니
잠을 잔다
스르르
내 고향에 간다

삶

재잘재잘
여기저기
사람들의 이야기 소리가 들린다

재잘재잘
여기저기
나무들이 이야기하는 소리가 들린다

여기서는 저기 소리
저기서는 여기 소리
모두 재잘재잘

한겨울 새벽의 나무

어둔 겨울 햇살이 몰래 들어온다
햇살이 내 안에 몰래 들어와
아침을 알린다

계속되는 밤은 없네
계속되는 낮도 없네
어둠이 짙게 깔리면
곧 새벽이 몰래 다가오네

버티리라
버티리라
상황이 그대로일지라도 버티리라
시간이 흘러 흘러
내면이 한 뼘 자라리라
하루하루 버티면
나는 성장하여 단단해지리라
한겨울 길 위의 나무처럼

3. 별로 돌아가 (죽음)

여기 있게 하는 이유 : 한계 속의 너

무언가를 원하도록 지음 받은 존재여
끊임없이 욕망하다 죽을 존재여

죽음이 나의 한계이고
부족한 생각이 나의 한계이지만
그 한계로
이 세상을 산다네
그 한계로
너를 보고
그 한계로
너를 생각한다네
그것이 여기 나를 있게 한다네

구멍 뚫린 풍선

내가 생각하는 나의 세상으로
던져진 나는
구멍 뚫린 풍선처럼
채워도 채워도
채워지지 않는 채
바람 따라
허공을 헤매인다

저 별 따라 가련가
내 의지대로 갈 수 있는가

그럼에도
내 안의 세상에
사랑과 희망의 씨앗을 심으련다
내가 여기 있는 이유니까

떨어짐

길가에 활짝 핀 꽃들아
너는 너가 곧 떨어질 때를 아는가
너는 지금의 떨어짐이 끝이 아닌 것을 아는가
한 해가 다시 오면
너는 너가 아닌 너로 다시 피어나는 것을 아는가

나는 너를 알지만
나는 나의 떨어짐만을 알지
아무것도 모른다네

한걸음한걸음
묵묵히 그 떨어짐만을 향해
걸어간다네

나를 반겨주는 듯 잠시 피어있는 꽃들아
내 마음에 잠시 들어와
내게 알려주오
내 떨어질 때를

그럼 나도 알려줄 게
너의 다시 피어남을

미완성 동그라미

피어난 꽃보다
떨어지는 꽃에 내 눈길이 머문다

한 걸음 한 걸음
한참 동안 나무 곁을 서성인다

하늘을 향해
작은 나무는 작은 동그라미를
큰 나무는 큰 동그라미를 그리려나

서로 다른 나무에게
그 누가 어떤 가치를 규정짓는가

그냥 그 자체로 좋다

그 안에는 이미 모든 희로애락이 있다는 걸
결국 우리 모두는 완벽한 동그라미를
완성하지 못한 채 끝난다는 걸

하늘로 가는 길

여기 이 길에 추억 하나하나 떨군다
추억 한 잎 한 잎을 떨군다
내 손끝에서 바들거리며
떨어지는 추억의 꽃잎들

저기 저곳에서 고이고이 담았던 추억을
하나하나 떨구어야 한다
이 길을 가려면
떨굴 수밖에 없는
원통한 길이여

보고 싶어도 볼 수 없고
듣고 싶어도 들을 수 없는
홀로 갈 수밖에 없는 이 길

하늘이시여
이 하나만은 버릴 수가 없네요
내 마음 깊숙이 숨겨갈 테니
이것만은 담게 해주오

한번만 한번만
저세상을 바라보게 해주오
내 사랑하는 사람과
한때 머물렀던 그곳을

이어진 세상

추운 겨울
차디찬 한 잎새가
딱딱해진 땅 위에 널브러져 있다

나는 여기서 이렇게
죽어가지만
너에게 내 작은 힘을 실어주리라
마지막 남은 내 힘을
너에게 주리라

아주 작은 기운이
그의 품에서 흙을 향해
파고들며
움이 튼다
새싹이 난다

바라만 보다

내 앞의 나무를 바라만 보다

너를 알 수 없어
너 그리고 너 너머의 세상을 알 수 없어
그냥 바라만 보다

나무야
너도 나와 같니
너도 나를 모른 채
그렇게 내 앞에서 나를 보고만 있니

우리는 서로를 모르지만
하나로 돌아간다

잔디와 잡초의 대화

잡초야
나 너무 배가 고파
점점 힘이 없어 죽을 거 같아

잡초는 땅속 깊이 파고들어
저 깊숙이 고여있는 먹이를
잔디에게 준다

잡초는 그렇게 손을 쭉쭉 뻗어
잔디에게 먹이를 주고는
결국은
죽는다

손을 너무 뻗은 나머지
뽑혀버린다
무엇을 위한 몸부림이었나
잔디야
그래도
너에게 뭔가를 줄 수 있어서
그 하나만으로도 좋았어
안녕

휩싸이고 죽어가는 존재여

화분 안에 갇혀 죽어가는 식물
구조 속에 갇혀 죽어가는 나
서서히 죽어간다
너와 나는 이렇듯 같구나

갑자기 꺾여진 꽃
갑자기 밟힌 개미
갑자기 죽는다
너와 나는 이렇듯 같구나

밀물 썰물에 이리저리 흘러가는 모래알들
휩싸여 휩쓸린다
너와 나는 이렇듯 같구나

죽어가는 안타까운 존재여
하늘 아래 휘둘리는 존재여

기찻길

기찻길을 따라 걷는다
두 선을 따라
바람 따라
이리 뒤뚱 저리 뒤뚱
저 멀리 보이는
산으로 하늘로
들어가려나

하나는 삶의 선
바로 그 옆에 올곧게 가는
다른 하나는 죽음의 선

항상 함께 가다 결국 만난다
그것이 마지막일지
또 다른 시작일지 모른 채

벌레의 생각

내 지평 넘어
저 바다로 헤엄치고 싶다
내 안의 벽을 넘어
저 너머의 세계로 가고 싶다

이렇게 생이 끝날 줄 알았다면
나는 어떻게 살았을까

내 지평과 벽은
나를 여기에 살게 한다

나무와 낙엽

낙엽이 내린다
이곳저곳 흩어지는 낙엽
흩어져 사라지는 건 낙엽뿐이던가

함께 뭉치면 내가 여기에 있고
홀로 흩어지면 내가 여기에 없다

나무에 붙어살아갈 때
이 세상이 전부가 아님을 아는가
땅으로 떨어질 때
떨어질 곳이 저기라는 걸 아는가

결국 내가 왔던 저세상으로
모두 돌아가는걸

별의 잔해들

여기에 먼지가 돌아다니며
여기에 먼지가 쌓이다가
저기로 먼지가 흩어진다

먼지는 별의 잔해로
자유로이 돌아다니다
별이 되어
돌아가네

나 또한 별의 잔해로
먼지처럼 살다가
별이 되어
돌아가네

나와 같구나

사각 박스 안에 갇혀있는 너
나와 같구나
서서히 시들어가는 너
나와 같구나
결국 저곳으로 가는 너
나와 같구나

하늘 아래
너와 나는 같구나

땅 위의 별

한 생명의 죽음으로
하나의 별이 태어나고

한 생명의 탄생으로
하나의 별이 사라진다

하늘의 별과
땅 위에 생명은
보이지 않는 선이 있네

너와 나는
땅 위의 별이라네
저 하늘의 별과 연결된
땅 위의 별이라네

원래 내가 없었던 거처럼

벚꽃잎이
노을빛 물든
흐르는 강물 위에
떨어진다

원래 흐르는 강물이잖아
잠시 피었다
금세 떨어진다
그리고
벚꽃잎은 사라진다

원래 흐르는 강물
원래 내가 없었던 거처럼

할머니

기억 넘어
기억 안에
계시는 할머니
저기에 있나요
여기에 있나요

공기 속으로 사라지는 수증기처럼
여기 잠시 함께 있다
어디로 갔나
보이지가 않네

여기 있는 듯
여기 없는 듯

내 심장은 이렇게
여기서 뛰고 있는데

당신은 어디에 계시나요

못 해준 기억만 떨궈놓고
어디로 가셨나요

그립습니다
내 할머니

무지개다리

한번만 한번만
뒤돌아볼 수 있나요
무지개다리를 건너
저세상으로 가는 길

너무 그리워
너무 그리워
한번만 한번만
뒤돌아볼 수 있나요

이 세상에서의 기억을
하나둘
무지개다리에 떨어트리면
그곳에
도달하겠죠

별

별이 산이 되어
별이 사람이 되어
별이 하늘이 되어

저 멀리 별이 되네

제 2장

내 안의 우주

(감정)

1. 내 안의 나 (고뇌)

모르기에

모르기에
세상이 돌아갈 구실이 생기나보다

모르기에
선이 생기고

모르기에
악이 생기나보다

모르기에
보이지 않는 우주 규칙이 만들어진다

겉도는 마음

이상적인 마음과 생각
세상에 관한 이야기
겉도는 기름이 된 듯하네

바다 위를 유랑하듯
바다 속으로 꺼지지도
하늘 위로 날아가지도 못하는
기름이 된 듯하네

세상을 유랑하듯
그 별 따라 가면
그곳에 갈 수 있을까

난 이상을 논하지 말았어야 했다
난 꿈을 말하지 말았어야 했다
세상과 어울리고
세상과 사는 방법

같이 물이 되고

같이 하늘로 물들어야 했다

그렇게 사나보다

그렇게 살고
그렇게 살아야 하나보다

아픔을 이기고
기쁨을 찰나 찰나 느끼며
마음 한 쪽에 자리 잡은 쓰라린 기억을 품고
그렇게 사나보다
우리 모두

욕망을 이기고도
그 욕망에 쓰러지기도 하며
큰 흐름을 거스르기도
그 흐름에 순응하기도 하며
그렇게 살아야 하나보다

너와 나

그리고 우리 모두

주어진 시간 안에

결국 결국은
나는 죽을걸

신이시여

전능하신 신께 묻습니다
신이시여
들판에 핀 들꽃과 저의 차이점은 무엇인가요
수많은 들꽃 중에 하나
수많은 사람 중에 하나
모두 무엇을 위하여
이 세상에 왔을까요
신의 영광을 위해
짓밟혀도 참아야 하나요
무엇을 바라며
내 뜻이 아닌 삶을 주시고
도로 가져가시나요
선택이 아닌 태어남 그리고 죽음
들꽃답게
사람답게
살다가 가면 되는 건지
그 사람답게는

어떤 삶인지
귀띔이라도 해주시지
그냥 던져진 삶에
저는 오늘도 헤매고 있습니다

신이시여(2)

전지전능한 신이시여
저를 이 세상에 나약한 채 던지시고
어디에 계십니까
나를 넘어트리고 짓밟고
도대체 어디에 계십니까

저는 넘어질지언정
쓰러지지는 않습니다
당신이 넘어트리고
당신이 짓밟아도
쓰러지지는 않습니다
다시 일어설 겁니다
지금껏 그렇듯이

감히 당신을 닮고
감히 당신이 되고 싶습니다
내 안의 신이시여

무한한 능력의 신에 다가가고 싶은
나를 용서하소서

글 그리고 나

자유롭고 싶다
휘감고 있는 족쇄를 벗어버리고
자유롭게 날고 싶다

글은 나에게
나는 글에게
자유를 주고
자유를 받는다
날개를 달아주고
나는 날아간다
저 하늘 속으로

글과 나는
서로를 알고
서로를 가여워하고
서로를 위로하며
하나가 된다

글은 내가 되고
나는 글이 되어
훨훨 날아오른다
저 하늘 속으로

빛바랜 희망

희망찬 글 위에 먼지가 쌓인다
희망찬 글 위에 시간이 쌓이면
그 글은 날개를 달고 생명을 얻을 수 있을까
글들이 내 마음 안으로 흩어진다
희망에 부풀었던 글들이 뿔뿔이 흩어져 어디론지 사라진다
나는 여기에 그대로인데 희망의 글들은 어디로 갔나
내가 여기 없으면 희망의 글들이 다시 모여 생명을 얻을 수 있을까

감정의 숙제

아팠습니다
허탈했습니다
안타까운 듯 애잔한 듯 후회한 듯
글로는 표현 다 못하는 내 마음의 소리

얼마나 많은 감정의 기억을 가지면
그곳으로 가려나
정해진 감정의 숙제를 다 하면
그곳으로 가려나

빈부의 문제가 아니고
시간의 문제가 아닌 듯하니
이 세상은 공평한가

무한 속의 유한

이 세상은 무한한가
시간은 무한한가
공간은 무한한가

그 모호한 무한함 속에 내가 있다
나는 나로 인해
바로 유한함 속에 갇힌다
나는 내 한계에 갇혀
무한함 속으로 갈 수 없다

유한한 시간
유한한 공간에 갇혀버린
유한한 나는
죽음과 망각의 멍에를 메고
그 모호한 무한함을 좇지만
결국 무한히 작아진다

보물찾기

왜 나는 평균 80년을
이 세상에서
흘려보낼까

그보다 적게
그보다 많이
이 시간을 가질까

그때가 지나면
세상을 알게 돼서
처음부터 다시
아무것도 모른 채
시작하려나

내가 하기로 한 것도 아닌데
이 보물찾기는 언제 끝나려나

내가 아는 것

나는 여기 이렇게 살고 있다
그것이 사실이다
나의 시간은 유한하다
그것이 내가 아는 사실이다
그 전의 세계도 모르고
그 후의 세계도 모른다
내가 아는 것은 이것뿐이다

그리고
시간이 흐름에 따라
세상은 변하고
세상 따라
나도 변한다
그것뿐이다

모호를 좇다

이런 듯 저런 듯
기쁜 듯 슬픈 듯
무거운 듯 가벼운 듯

좋아하는 듯 아닌 듯
욕망하는 듯 아닌 듯

바보인 듯 아닌 듯
모르는 듯 아는 듯
자라나는 듯 멈춘 듯

하늘인 듯 구름인 듯
세속에 묻힌 듯 자연에 거한 듯
내일 죽는 듯 오늘 산 듯

모호를 좇다

글

글쓰기는 내 마음의 토함이다
내 마음의 분출이자 외침이다
꽉 막힘에 대한 뚫림 그 자체이다

무슨 목적도
무슨 꿈도
담지 않는 그냥 '나'이다

내가 있음으로
내 글은 존재한다

내가 여기 있음으로
여기가 글 쓰는 공간이고
조각조각 흩어진 나와 나와 연결된 모두가
내 글에 오롯이 담긴다

내 흩어진 허공 속의 마음이 하나의 글에 모인다
글은 내 마음의 수양이다

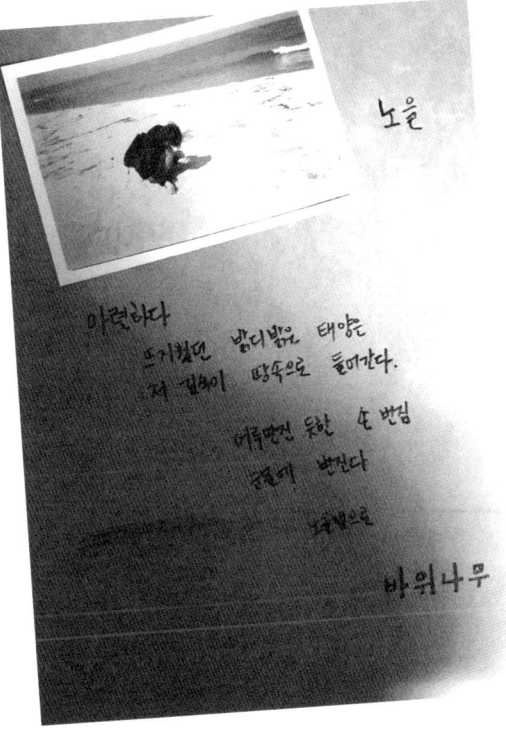

완벽으로 가려는 자유

나는 자유를 가지고 태어났다
그 자유는 방향을 가지고 있다
완벽해지려는 자유

완벽해질 수 없다는 것을 안다
하지만
내 생각 넘어
완벽으로 자꾸 가려고 하는
내 마음 안의 자유의지가 있다
용수철처럼 다시 돌아간다
결국은
허탈함과 공허함이 있을 뿐이다

이 세상에는
완벽한 성공도
완벽한 행복도 없다

그러니
행복도 조금
성공도 조금 맛만 보자

미숙

나는 미숙하다
아직 미숙하다
죽을 때까지 미숙할 것이다
죽음 다음을 모를 정도로 미숙하다

내가 죽으면 그 영혼을 그 누가 이어받나
영으로 다시 시작하나
영이 아닐지도
무의식을 가진 채 다시 시작하나
내가 아닌 듯 나인 듯하게

무한대의 시간이 가면
이 세상이 절대정신을 향해가고 있는지도 모른다
하지만 나는 모른다
나는 미숙한 채로
이 하늘 아래
땅을 밟고 있으니

바람을 느끼며

어딘가 있을

그 무언가를 느끼면서

태초의 마음

굳이 즐거움을 좇지 않으리오
이미 괴로움이 내 안에 있으니
먼저 괴로움의 흙탕물을 고이 가라앉혀
저 멀리 쏟아 버리리

굳이 행복을 좇지 않으리오
이미 번민이 내 안에 있으니
먼저 번민의 먼지를 고이 가라앉혀
저 멀리 날려 보내리

잠시 가리워졌던
즐거움, 행복의 정수
태초의 순수한 마음으로 돌아가리

채울 수 없는 공간

내 마음속을 본다

내 마음속 까만 텅 빈 공간은
채워도 채워도
채울 수 없어
그 또한 그냥 저만치서 지켜본다

욕구 대만족

욕구는 욕구를 낳는다 하지요

끝이 없는 욕망이라고 한다면
욕망을 향해 사는 것이
거스를 수 없는 힘이라 한다면
따를 수밖에 없겠지요

하나를 이루면 무엇이 있나요
잠깐의 행복 그리고 그 이후에
채워지지 않는 또 다른 욕망

그 끝이 없다면
끝이 있는 만족을 선택할래요
여기 그대로 머문다 하여도

당구대 세상

당구대 위에 공이 이리저리 움직인다
하늘 아래 땅 위에 사람이 오고간다

공이 움직이는 건
스스로 움직이는 것인가
처음이자 끝은 스스로의 힘은 아니던가
처음부터 계획되고 의도된 놀이였던가
이리저리 부딪치는 게임이던가

결국 멈추게 될 것을 알지만
이 좁은 공간이 답답하여
저 밖으로 떨어지면 끝나는 게임

의지도 운명이련가

태어남도 죽음도 운명이라면
의지도 운명이련가

그 삶 속에 의지만이 살아 숨 쉬네
운명이라는 끈에 매달려

그 삶 속에 아무것도 의미가 없다지만
기쁠 일을 내 마음속 만들면 되지 않나
사람을 만나는 것도 내 의지
속상해하는 것을 멈추는 것도 내 의지라면

기쁨이 쌓여 추억을 만들고
슬픔이 쌓여 추억을 만들며

그 추억을 한아름 안고
저편으로 그 끈에 이끌려
가면 되지 않나

盡人事待天命

쌓인다
또 쌓인다
먼지에 어느새 숨어버린 나만의 꿈
바람은 또 먼지를 싣고 와
내 마음 위로 뿌린다

그렇게 미약했던가
어느새 내 꿈은 먼지에 사라진다
그렇게 대단한가
먼지 또한 바람 앞에 한없이 미약한건

닦는다
오늘도 닦고
내일도 닦는다
내 꿈이 보일 때까지

마음 따로 몸 따로

비록 이내 몸 늙어가지만
마음은 그대로인 듯
나한테 계속 있는구나
어제의 나로 옛날의 나로 그대로인 듯
변함이 없는 듯하이

옛날의 마음
미래의 마음
나는 모르겠네

망각의 멍에를 씌우고
마음은 한곳에 머물지 않나 봐
여기 있는 듯
옛날로 미래로 가고 싶나 봐
몸은 지금 이 순간 현재에 머무는데 말이야
마음은 몸 따로 가고자 하네

이 마음 어찌할까나
지금 여기에 잠시도 있으려고 안 하니
이내 몸 죽으면
이내 마음은 어디 즈음 머무려나

신의 연막술

내가 있는 여기는
허상이런가
영혼의 세계를 가리기 위한
신의 연막술이런가

신이시여
영혼의 세계를 열어 주시옵소서

시간이 흘러흘러 조금씩 열어 주시어
이 몸이 죽어서야 활짝 보여주시려나

내가 아는 단 한 사실은
이 세상사 지친 내 몸이 자는 그 시간
내 영혼의 활동은 그때 시작한다는 것 뿐

신이시여
영혼과 몸이 따로 움직이는

이곳 세상
그리고 저곳 세상 중
어느 게 진실입니까

시

나무에서 시가 나온다
바람 타고
강 따라
시가 흐른다

내 안에 흘러들어오는 노래에서
시가 피어난다

그리고
아린 상처가 세월에 덧입혀져
굳혀진 그곳에서
시가 스멀스멀 나와
나를 위로한다

그래도, 그렇게

할머니가 없는 이 세상
그래도 세상은 돌아가네
부모님이 없는 이 세상
그래도 세상은 돌아가네

일하고 잠깐 쉬고
일하고 먹으며
일하고 어울리며
기쁘기도 슬프기도 괴롭기도
그렇게 세상은 흘러가네

시간이 흘러흘러
시간이 쌓이면
결국 나의 희로애락은 너와 같은가

아픔

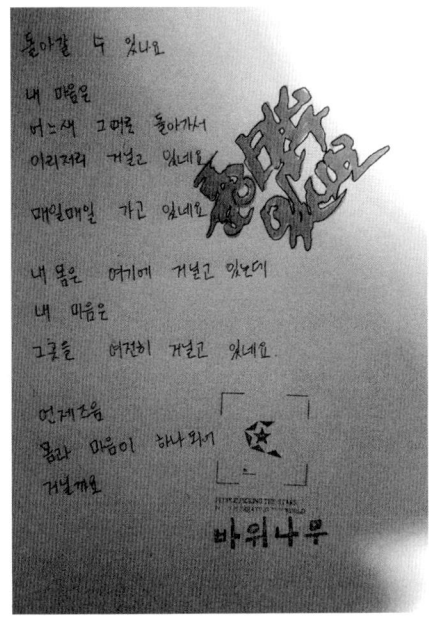

아픔이 글을 쓰게 하고
아픔이 삶을 생각하게 하네

아픔이 나를 존재하게 하네

빗소리

똑똑똑
드드득 드드득
비가 온다
창틀에 부딪치며
빗소리가 퍼진다

똑똑똑
그 소리는
내 마음 위에
툭툭 떨어진다

닫혀진 마음 위에
똑똑똑

기억

기억을 잃고 싶다
기억을 잃고 싶지 않다

아픈 기억은 잃고
따뜻한 기억은 붙잡다
그러고 싶다

아픈 기억은 점점 퇴색해가고
따뜻한 기억은 점점 흐릿해진다

그렇게 시간을 먹으며
그런 기억을 안고 살아간다
그렇게 되어간다

아프다

아프다
아파야 하나보다
그럴 시간이 왔나보다
그냥 받아들인다

곧 지나갈 테니까

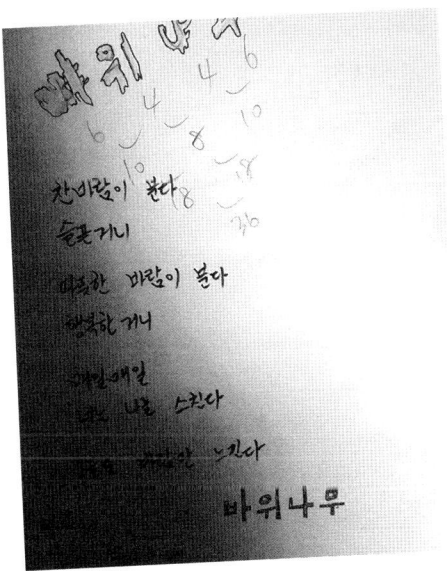

못남

내 못남을 인정하기가
그렇게 힘이 드는가
내 못남은 진정한 못남이 아닌데
내가 그 못남을 못남 속에 가둬둔다

훨훨 보내고
자유롭고 싶다
내 못남을 저 하늘로 날려 보내고
나는 날고 싶다

피어나리
내 못남을 인정하고
내 못남을 감싸 안는다면

날려 보내리
내 못남이 너에게 행복을 준다면

보이는 게 다가 아니다

보이는 게 다가 아니다
내 안에 수많은 감정들이 인다
그것으로 행복하다 하나로 말할 수 없다

보이는 게 다가 아니다
너 안에 수많은 시간 속에 녹아있는
너가 있다

내 안의 또 다른 나
너 안의 또 다른 너
보여지는 게 다가 아니다

2. 너 안의 나 (관계)

緣

들꽃을 생각한다
개미를 생각한다
별을 생각한다
너를 생각한다
그리고 너가 사는 세상을 생각한다

너에 대한 생각을 나는 緣이라 부른다

부모님의 사랑

내 부모를 아낌으로
사랑이 뻗어 나가리라

내가 모두를 아낄 수는 없다
내 주변을 아낌으로
그 사랑은 씨앗이 되어
뿌리를 내리고
더 큰 나무가 되어
뻗어가리라

바람이 없다

닿을 수 없는 곳
닿을 수 없는 사람

바람아
바람아
내게 와
그곳으로
그 사람에게
데려다주렴

바람이 없으니
내가 가려나

그날이 날린다

눈발이 날리는 어느 날
그날이 날아와 내 마음에 닿는다
눈발 사이사이
까르르르 웃던 고교 시절
눈발이 날렸던 그날이
문득 다가오네
그 친구는 그 날의 눈과 함께
사라지고
그 친구의 모습이 선명히 날아오네
내 눈앞에

사랑

당신을 향한 내 마음은
손끝만큼 작았습니다
저 멀리
당신이 다가오네요
내 마음속으로
들어와
저 하늘만큼
커졌네요
당신을 향한 내 마음이

별

나 죽으면
별이 되나 봐
너 죽으면
별이 되나 봐
이 몸 이 마음이 녹아
별이 되어
그렇게도 많나 봐
그래서
별을 보면
니 생각이 나나 봐

너에게 우월함을 선물한다

얼마나 대단하니
너가 얼마나 대단하길래
너의 기세에 나는 죽는다
너의 힘에 나는 죽는다
그렇게 나는 나도 모르게 나를 죽인다

너의 대단함을 그렇게 뽐내봐
너의 우월함을 그렇게 뽐내봐

너의 대단함과 우월함 잎에서 진정으로 박수를 보낸다
내가 너를 이길 수 있는 유일한 길은
내 마음을 바꾸는 방법밖에 없어

내기 너에게 그 우월함을 선물하다

그리움 미련 사이

흩어지는 건 바람뿐이던가
내 마음속에 자리잡았던 당신의 흔적은 희미해지다가
어디로 가련가
미련이 남았나 내 마음 한쪽 끝을 부여잡고 있는 듯
하네요

놓고 싶지 않은 내 마음
잡고 싶은 내 마음
이 마음 또한 내 마음이 아닌가요
그리움 미련 사이 이 또한 내 마음이 아닌가요

당신을 향한 내 마음은 거짓이었나
왜 보이지는 않고 내 마음을 잔잔히 울리나요

기억의 파편들

몇 개 남은 기억의 파편들
마지막에 남은 건 이름뿐이던가

햇살이 강 위에 뿌리는 빛 가루가 된 듯
모두 흘러간다

내 마음속
빛이 되어준 사람아
이젠 다른 세상에 사는 사람

여기 세상에는
내 마음속
빛바랜 이름뿐이네

두 가지 마음

당신의 삶에 갈 수는 없지만
당신을 응원합니다
당신이 가는 길을 갈 수는 없지만
제가 가진 추억으로
내 길을 가렵니다

이렇게 말할까요
아니요 그렇지 않네요
미치도록
보고 싶고
미치도록
변명하고 싶습니다
미안하지도 않고
그냥 보고 싶습니다

마음 그리고 기억 속의 너

너에 대한 내 기억은
이렇게 작은데
너에 대한 내 마음은
이렇게 큰지
나는 몰랐어

너는 내 마음에 이는
물결이 돼
내 마음을 일렁이게 해

너는 내 시간 안에
항상 나와 함께 해
내 과거에 살고
내 현재에 살고
내 미래에 살게 해

친구

친구
친한 친구
최고의 친구
친구 하면 내 마음속 당당해지는 친구
믿음이 저절로 생기는 친구
내 무의식조차 찾게 되는 친구
시간과 함께 추억이 쌓여가고 있는 친구

마음으로 느껴진 시간이 마음에 쌓인다
시간은 사라지고
너와 보낸 기억이 내 마음 깊이 쌓여간다

친구야
우리 인생은 마라톤이 아니라잖아
일등 이등이 중요한 게 아니라
어떤 가치가 중요한 게 아니라
그 자체로

그 있음으로

다함이 있네

너는 나에게 말이지

내 머리 너머, 내 마음 안의 세상

내 곁과 네 곁은 같은 곳이런가

네 곁을 맴돌다
다른 세상으로 간다

다른 세상은
내 머리 너머의 세상
네 곁은
내 마음 안의 세상

너야

곳곳에 묻어있는 너
너이기에 남아있네
너야
하루종일
아무 말 없이
너의 눈을 바라보며
너를 알고 싶다

나는 당신이 행복했으면 좋겠어요

나는 당신이 행복했으면 좋겠어요
그뿐이에요
늘 하루하루 마음 편히 기분 좋게
지내기를 바라요
당신이 좋은 옷을 입고
당신이 좋은 음식을 먹고
영원히 나와 같이 있기를 바라요

하지만
하지만
그러지 못하는 현실 앞에
내 마음이 무너지네요
무엇을 어떻게 할 수 없어
눈물만 나오네요

시간이 해결해주나요
얼마 남지 않은 시간이 없어지네요

시간을 앗아 당신 마음에 붙입니다
제 시간을 드릴 수 있다면

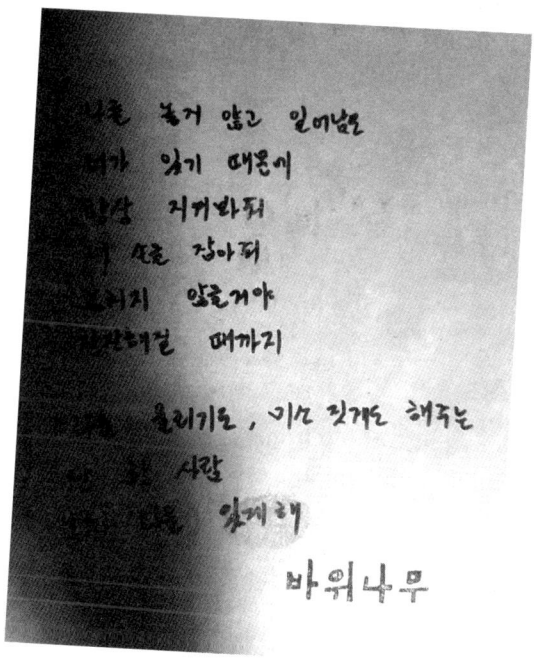

사부모가

내가 무슨 일을 하던
내가 어떤 생각을 하던
늘 내 편이었던 당신
그런 당신이 내 곁을 떠나가네요

내가 안쓰러워
혼자 남을 내가 안쓰러워
당신을 그리워할 내가 안쓰러워
당신이 보고 싶을 내가 안쓰러워

그저 눈물이 나는 나를 용서하세요

너란 사람

참 아무렇지 않네요
나는 이렇게 힘들다고 하는데
당신이 묻어있는 그 바람에도
이렇게 흔들리는데

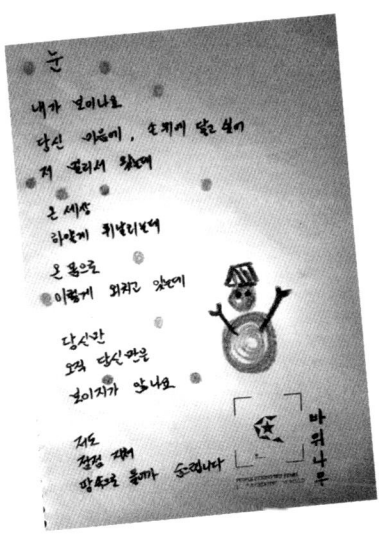

나를 추억하네

버스 창가에
찬바람이 내 얼굴을 스치면
내 안에 너를 또 불러들이네

익숙한 거리에 불어오는 바람은
어제의 바람이 아닌 듯
너에 대한 기억은
점점 빛바랜 기억이 되어가네

익숙한 새바람
빛바랜 기억들
이제
너는 사라지고
너를 그리워하는 나만 남아 있네

시간 따라 바람 따라
이제 그런 나를 추억하네
기억 속의 너는 점점 내가 되어가네

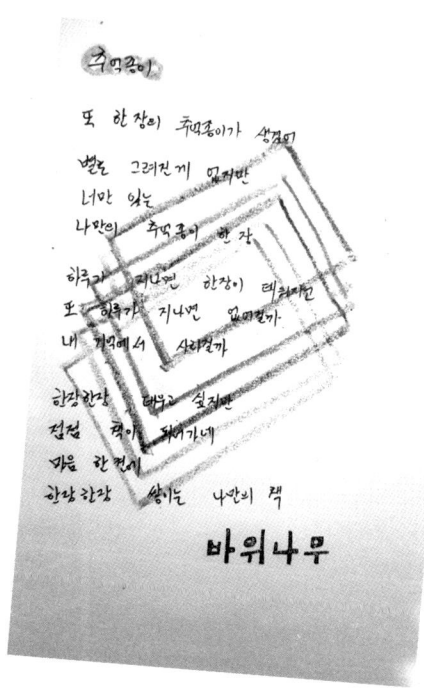

만나지 말길

너를 키우지 않으리
너를 자유롭게 하리
나를 위해 너를 가두지 않으리
다음 생애는
나를 만나지 말길

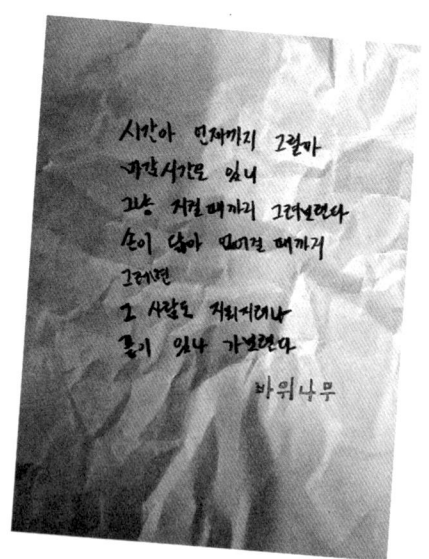

노래를 실어다 떨어트리네

노래를 실어다 떨어트리네
내 방 안에 가득 채워지네

내 마음에도
떨구고 싶네
내 마음을 너에게

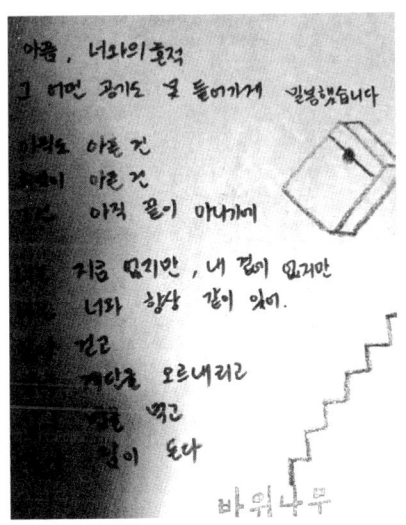

너는 참 차가운 바람인가 봐

나를 향한 너의 마음은 차가운 바람인가 봐
점점 내 마음속으로 깊이만 들어가니

너를 향한 나의 마음은 뜨거운 바람인가 봐
떠나가는 너의 마음으로만 가고 싶으니

만나고 싶다
보고 싶다

하지만
하지만
그럴 수 없네

너는 참 차가운 바람인가 봐

나 바람 되어

나 바람 되어
여기 다시 오고 싶어
지금의 나인 채로

나 바람 되어
기억나는대로
내가 걸었던 길
다시 거닐고 싶어

나 바람 되어
너에게 다가가
말하고 싶어

너가 보고 싶어
너가 그리워
바람 되어
왔다고

안녕

나는 매일 나와 이별해
나는 매일 아빠와 이별해

나는 매일 잠을 자고
나는 매일 아빠와 인사해

안녕

눈

첫눈이 온다
너가 생각나네

첫눈은
너를 내 마음에 놓는다

첫눈이 녹는다
너가 내 마음에 녹아든다

맴돌다

너무 빨리 멀어지지 마요
나 여기 그대로 있잖아요
너무 빨리 사라지지 마요
나 어제와 같은 기억으로 남아 있잖아요

나를 밀쳐내도
나는 그대로예요

나는 스쳐 지나가는 바람이 아닌
당신 곁을 맴도는 바람이에요

3. 우주로 향하는 나 (연대, 희망)

한 줄의 인생

한 사람의 인생을 한 줄로 말할 수 있을까
한 사람의 고달픔을 한 줄로 읊을 수 있을까
한 사람의 아픔을
한 줄로는 도저히 말할 수 없네

시간시간 안에 담겨있는 모든 감정들
시간이 쌓여쌓여 만들어진 한 인생을
어찌 한 줄로 담아내리

세상은 돌아간다 손에 손잡고

나는 너만큼 잘하지 못해
너는 너의 일을
나는 나의 일을 할 뿐
나는 너의 길을 가지 못해
너는 너의 길을
나는 나의 길을 갈 뿐

결국은 같은 하늘 아래
서로서로 다른 갈 길을 갈 뿐
서로 다른 별을 바라보며

이렇게 세상은 돌아간다
더 나은 방향으로
손에 손잡고

태풍

나 힘센 태풍이 되고 싶다
이 세상 골고루 두루두루
섞일 수 있게 하는 존재이고 싶다

나 스스로
회오리를 일으켜
그곳의 넘침을 담아
그곳의 부족함을 채우고 싶다

아픔이 있겠지
할큄도 쓰러짐도 있겠지
하지만
나 그런 강력한 태풍이고 싶다

빛과 그늘

하늘이시여
빛을 내게 내리사
내게서 그늘이 지게 하소서

그 그늘아래
쉼을 구하는 이에게
따스한 시원함을 주소서

아득함 그리고 가까움

심히 좋으셨나요
저는 안타깝습니다

길가에 쓰러진 풀잎 하나하나
내팽개쳐지는 강아지 한마리 한마리

전체를 보셨나요
저는 하나하나가 보입니다

전체는 아름답게 보이나요
저 아득히 먼 그곳에서는 좋게 보이나요

저는 안타깝습니다
심히 안타깝고
마음이 아픕니다
이렇게 가까이 보이니

태양이 되리라

그렇게 고개 숙이지 말고 일어나라
짓밟히고 또 짓밟혀도 조금만 아파하고 일어나라

그날은 그날은 치욕의 날일지라도
먼 훗날 빛나는 날이 되어 마음속에 깊이 남아 있으리

간절히 내민 손을 뿌리치는가
쓰러졌는데 또 짓밟히는가

아팠다 너무도 아팠다

그 아픔은 돌덩이가 되어 내 마음 깊이 남아 있네
그 돌덩이는 곧 내 마음의 태양이 되리라
내 마음을 비추는 태양이 되리라
내 미음에 들어오는 것들을 모두 비추리라
그리고 녹아서 더 큰 태양이 되리라

태어나보니

태어나보니
나는 가난했고
나는 약했다

공부밖에 없어
열심히 공부했고
돈이 없어
열심히 일했다

몸이 약해
운동을 해야 했고
몸이 약해
정신이 강해야 했다

나는 그렇게
강해지고 있다
나는
강해져야 한다

나는 일을 한다

나는 일을 한다
떳떳해지기 위해서

나는 일을 한다
힘듦을 같이 느끼고 싶어서

나는 일을 한다
내 자유함을 얻기 위해서

나는 일을 한다
사람이 좋아서 그들과 같이 있고 싶어서

나는 일을 한다
관계함에 배움과 성장이 있어서

그럼에도

가난함에도
성실히
홀로 일어서며

몸이 약해도
정신이 건강하여
떳떳한 마음으로

세상을 헤쳐나가
뿌리 깊은
나무가 되리라

큰 나무

더 많이 상처받아야
굳은살이 생기는데
또 상처를 받을까 겁이 난다

나는 나를 다진다
오늘도
내일도

나를 무너뜨리자
굳은살이
더 큰 나무가 되리라